Audiolivros e Narrações com IA

Transforme Texto em Lucro Usando Vozes de IA para Audiolivros, Podcasts e Trabalhos de Narração

Por Joe Correa

Publicado por Live Stronger Faster

Este livro é destinado apenas para fins educacionais e informativos. O autor e a editora não prestam aconselhamento jurídico, financeiro ou qualquer outro tipo de aconselhamento profissional. Os leitores devem consultar um profissional qualificado antes de tomar qualquer decisão financeira.

Primeira Edição

Sumário

Introdução

Nos últimos anos, algo incrível vem acontecendo — de forma silenciosa, mas poderosa. A inteligência artificial começou a entrar em uma das indústrias mais humanas de todas: a voz. Antigamente, gravar narrações ou audiolivros de alta qualidade exigia milhares de dólares em equipamentos de estúdio, um ator de voz treinado, um engenheiro de áudio e horas de edição. Hoje, tudo isso pode ser substituído por algo que você já tem — um roteiro e um laptop.

A tecnologia de voz com IA transformou a maneira como criamos e compartilhamos áudio. O que antes levava semanas e envolvia vários profissionais agora pode ser feito em questão de minutos por um único criador usando algumas ferramentas inteligentes. E este livro é o seu guia. Seja você um autor que deseja transformar seus textos em audiolivros, um freelancer em busca de renda extra ou apenas alguém curioso sobre como as pessoas estão usando vozes sintéticas para ganhar dinheiro online — este é o seu manual para fazer isso acontecer.

Imagine transformar um post de blog em um podcast envolvente, um ebook em um audiolivro multilíngue ou uma simples descrição de produto em uma narração profissional — tudo isso sem precisar falar uma única palavra. Esse é o poder do que estamos falando aqui. Você não precisa mais de um estúdio profissional ou talento de atuação. Você só precisa das ferramentas certas e da estratégia certa. Este livro lhe dará ambos.

Mas antes de mergulharmos, vamos responder a uma pergunta importante: por que audiolivros e narrações? Por que agora?

A resposta é simples. O áudio está em plena expansão. Os audiolivros são um dos segmentos que mais crescem na indústria editorial digital. Somente nos Estados Unidos, a receita de audiolivros ultrapassou 2 bilhões de dólares no último ano — e esse crescimento não está desacelerando. A conveniência de ouvir enquanto se dirige, caminha ou realiza tarefas domésticas tornou o conteúdo em áudio mais atraente do que nunca. Globalmente, os ouvintes têm fome de conhecimento, histórias e conexão — e querem isso em formato de áudio.

Mas não são apenas os audiolivros. O conteúdo com narração está explodindo em plataformas como YouTube, Instagram, TikTok e sites de ensino online. Toda vez que um criador publica um vídeo explicativo, uma marca divulga um produto ou um instrutor lança um curso online, surge uma oportunidade para narração. E aqui está o segredo: grande parte dessas narrações já não precisa de uma voz humana. As ferramentas de IA nivelaram o campo de jogo.

Com ferramentas como ElevenLabs, PlayHT e Descript, você pode criar narrações realistas, emocionais e semelhantes à voz humana em segundos. Essas ferramentas oferecem desde vozes prontas até clonagem completa de voz — permitindo replicar sua própria voz ou criar um personagem com apenas alguns segundos de áudio de treinamento. Quer criar audiolivros em vários idiomas? Feito. Quer soar como um narrador acolhedor ou um contador de histórias dramático? Fácil. Quer adicionar respiração, ritmo e emoção para combinar com uma cena? Essas plataformas tornam tudo isso possível.

Então, o que você aprenderá neste livro? Muito.

Você descobrirá como usar as principais ferramentas de voz com IA disponíveis no mercado — e não apenas como gerar áudio, mas como fazê-lo soar incrível. Você aprenderá a produzir audiolivros de qualidade profissional, criar narrações para YouTube e podcasts e vender serviços de narração em plataformas de freelancers. Você aprenderá onde publicar seu conteúdo em áudio para alcançar uma audiência global — e como transformar um único roteiro em múltiplas fontes de renda. Mais importante ainda, abordaremos o lado legal: o que você pode e o que não pode fazer com vozes de IA e como evitar violações de direitos autorais ou bloqueios em plataformas.

Você também aprenderá a promover seus serviços de narração, mesmo que ainda não tenha portfólio ou clientes. Verá exemplos de criadores que começaram do zero e construíram renda real online. Quer você queira ganhar algumas centenas de dólares por mês ou construir um grande negócio de publicação em áudio, este livro mostrará o caminho.

Vamos falar sobre para quem este livro é.

Este livro é para o autor que escreveu um livro mas não pode pagar um narrador. É para o podcaster que deseja uma voz limpa e consistente mas não tem tempo para gravar cada episódio. É para o freelancer que quer oferecer serviços de narração sem usar a própria voz. É para o empreendedor que procura um trabalho paralelo escalável, com alto lucro e baixo custo. E também é para o iniciante completo que nunca usou IA antes, mas está pronto para começar algo novo.

Você não precisa de um estúdio de gravação. Não precisa de um microfone caro. Nem mesmo precisa da sua própria voz. Tudo o que você precisa é de um roteiro, uma estratégia e a disposição para aprender. As ferramentas que você descobrirá neste audiolivro são fáceis de usar, acessíveis e incrivelmente poderosas quando usadas corretamente. Elas permitem que qualquer pessoa — de qualquer lugar — crie e venda conteúdo de áudio de alta qualidade em tempo recorde.

Estamos vivendo em uma era em que a capacidade de falar, ensinar ou narrar pode ser automatizada. E embora isso possa parecer intimidador no início, na verdade é uma das maiores oportunidades que já tivemos para ampliar nossas ideias, histórias e mensagens. Nunca foi tão fácil construir uma marca, um negócio ou um projeto criativo impulsionado pelas suas palavras.

Portanto, se você já sonhou em publicar um audiolivro, lançar um podcast ou ganhar dinheiro com sua voz — mas se sentiu limitado pelo tempo, dinheiro ou confiança — este é o seu momento.

Sobre Este Livro

Estamos vivendo uma das maiores transformações econômicas do nosso tempo — e a maioria das pessoas nem percebe isso. A inteligência artificial não é apenas uma tendência. Não é uma palavra da moda, uma onda passageira ou um truque tecnológico. É uma evolução permanente na forma como criamos, nos comunicamos e monetizamos nosso trabalho. E em nenhum lugar essa mudança é mais evidente — ou mais lucrativa — do que no mundo do áudio.

Este livro existe porque algo extraordinário está acontecendo agora: pela primeira vez na história, qualquer pessoa — independentemente de experiência, localização ou orçamento — pode transformar palavras simples em conteúdo de áudio profissional e ser paga por isso. Isso é mais do que um trabalho paralelo. É um movimento. Um movimento onde texto se transforma em voz, voz se transforma em valor e valor se transforma em renda.

Audiolivros e narrações estão no cruzamento de duas grandes tendências: o crescimento do consumo passivo de conteúdo e o avanço das ferramentas de IA acessíveis. Mais pessoas estão consumindo informação pelos ouvidos do que nunca. Seja durante o trajeto para o trabalho, na academia ou fazendo tarefas domésticas, os ouvintes querem conteúdo que possam absorver enquanto vivem suas vidas. E os criadores estão correndo para atender essa demanda — com conteúdo em áudio rápido, flexível e escalável.

Os antigos guardiões da produção de áudio — estúdios, agentes e contratos de gravação — estão sendo substituídos por ferramentas que funcionam diretamente no seu navegador. Você não precisa ser um ator de voz profissional. Não precisa ter experiência em edição. Não precisa de equipamentos caros. Você só precisa de uma boa ideia, uma mensagem clara e as ferramentas que aprenderá neste livro. É por isso que este livro é importante — porque ele lhe dá acesso a uma indústria inteira que antes estava fechada para quem não tinha conexões ou capital.

Vamos falar de números.

Segundo a Deloitte, o mercado global de audiolivros deve ultrapassar 35 bilhões de dólares até 2030, impulsionado pelas gerações mais jovens, pelo consumo mobile e pelo aumento da alfabetização global. Ao mesmo tempo, os serviços de narração estão prosperando em plataformas como Upwork, Fiverr e Voices.com, onde vozes são usadas para anúncios em vídeo, animações explicativas e até faixas de meditação guiada. Um trabalho médio de narração pode pagar entre 50 e 500 dólares — e com IA você pode concluir 10 projetos no tempo que um humano faria apenas um.

Mas isso é apenas o começo. Criadores de voz com IA já estão monetizando de formas que a maioria das pessoas nunca imaginou. Alguns estão ganhando centenas de dólares por dia transformando posts de blog em vídeos narrados no YouTube. Outros estão criando versões multilíngues de seus livros usando vozes clonadas e vendendo internacionalmente. Coaches e consultores estão transformando seu conteúdo em minicursos narrados, meditações ou respostas automatizadas por e-mail. Este livro não mostra apenas como fazer narrações

— ele mostra como construir sistemas que funcionam 24 horas por dia.

O potencial aqui não é apenas ganhar dinheiro — é liberdade. A narração com IA permite multiplicar sua presença. Ela permite que você esteja em vários lugares ao mesmo tempo, contando sua história, ensinando seu conteúdo e atendendo seu público mesmo quando está dormindo ou de férias. E como as ferramentas são automatizadas e escaláveis, seu esforço se multiplica com o tempo. O áudio que você produz hoje pode continuar vendendo ou gerando oportunidades por anos.

Este livro também fala sobre timing. Estamos em uma janela rara de oportunidade — um momento em que as ferramentas são poderosas, mas a concorrência ainda é baixa. Muitas pessoas hesitam. Acham que é muito técnico. Muito complicado. Muito saturado. Elas não percebem que o que antes exigia uma equipe inteira de profissionais agora pode ser feito em algumas horas com ajuda da IA. Essa hesitação é sua vantagem. Se você agir agora, pode se posicionar enquanto o mercado ainda está se expandindo.

E não podemos esquecer a oportunidade global. Uma das partes mais empolgantes da tecnologia de voz com IA é a facilidade com que ela atravessa fronteiras. Você pode pegar um roteiro escrito em inglês e gerar versões em espanhol, português, hindi ou mandarim em minutos. Pode vender audiolivros em mercados que nunca visitou. Pode ajudar clientes a narrar materiais de treinamento, aplicativos de meditação ou podcasts em seus idiomas nativos. Você não está apenas construindo um negócio de áudio — está construindo um império global de conteúdo em áudio.

Dentro deste livro você não encontrará apenas teoria ou exageros. Encontrará estratégias, ferramentas e aplicações que realmente funcionam. Quer você queira vender serviços de narração, publicar seus próprios audiolivros, lançar um podcast sem aparecer ou simplesmente experimentar transformar texto em algo mais poderoso — você está no lugar certo.

Este livro está dividido em capítulos que guiarão você passo a passo pelas partes mais importantes dessa jornada. Você aprenderá como escolher as melhores ferramentas, estruturar seu conteúdo, definir preços e posicionar seus serviços, evitar problemas legais e promover o que cria — mesmo que ainda não tenha seguidores ou experiência. Cada capítulo termina com uma história — exemplos reais de pessoas que estão usando essas ferramentas para construir renda, influência ou liberdade.

O futuro pertence aos criadores que adotam novas ferramentas cedo. Não porque as ferramentas sejam perfeitas, mas porque a oportunidade é. Com a IA, você não está apenas terceirizando sua voz — está ampliando sua mensagem. Está automatizando sua criatividade. Está recuperando seu tempo. E está fazendo tudo isso com baixo custo e enorme potencial de crescimento.

Este livro mostrará como começar, como escalar e como ter sucesso no novo mundo do áudio impulsionado por inteligência artificial. E quando você terminar, terá tudo o que precisa para transformar suas palavras em riqueza — e sua voz em um negócio que fala por você em todo o mundo.

Então prepare-se. Porque o que você está prestes a aprender pode criar renda duradoura, liberdade a longo prazo e o tipo de impacto que a maioria dos criadores apenas sonha em alcançar. E tudo começa com um simples roteiro.

Capítulo 1: Começando com Vozes de IA

A indústria de audiolivros está crescendo rapidamente, e a tecnologia de voz com inteligência artificial chegou no momento perfeito. Se você está começando agora, é importante entender o potencial revolucionário das vozes geradas por IA e como você pode utilizá-las para transformar texto em renda. Seja para criar audiolivros, narrações para YouTube, conteúdos narrados para cursos online ou serviços em plataformas de freelancers, hoje você tem acesso a ferramentas que eliminam a necessidade de microfones, estúdios ou talento vocal. Este capítulo irá guiá-lo pelos passos fundamentais para iniciar sua jornada com vozes de IA e monetizar seu conteúdo, mesmo que você nunca tenha narrado nada antes.

Para começar, vamos entender o que realmente são vozes de IA. Em essência, ferramentas de voz com IA utilizam motores avançados de conversão de texto em fala (TTS) alimentados por algoritmos de aprendizado profundo. Esses motores analisam padrões da fala humana e os reproduzem de maneira cada vez mais indistinguível de vozes reais. As plataformas TTS mais avançadas atualmente conseguem simular tom, emoção, pausas, ritmo e até sotaques regionais. Diferente das vozes robóticas e monótonas de sistemas antigos como Siri ou Alexa, as vozes modernas de IA conseguem narrar um audiolivro com emoção, entregar piadas com o timing correto ou soar naturais o suficiente para apresentar um podcast inteiro.

Existem várias ferramentas de voz com IA no mercado, mas algumas se destacam pela combinação de realismo, controle do usuário, flexibilidade de licenciamento e facilidade de uso. Uma das mais populares é o ElevenLabs, conhecido por sua geração de voz extremamente realista e controle de emoção. Ele permite que os usuários escolham entre diversas vozes ou até criem vozes personalizadas enviando amostras de áudio. Outra excelente opção é o PlayHT, que oferece uma interface rápida e intuitiva e suporta vários idiomas e sotaques. Isso é ideal para projetos globais de narração ou conteúdos que precisam soar naturais em diferentes regiões. Para criadores que preferem uma experiência de edição semelhante à de um podcast, o Descript oferece uma ferramenta chamada Overdub. Essa ferramenta permite gerar narração por voz e editar o áudio simplesmente digitando. Ela também possibilita treinar sua própria voz de IA usando amostras da sua voz, dando controle criativo total.

Depois de escolher sua ferramenta de voz, é hora de começar a construir seu primeiro fluxo de trabalho. A chave é manter tudo simples no início. Comece com um roteiro básico — pode ser um post de blog que você escreveu, um e-mail que enviou ou uma descrição de produto da sua loja online. Copie e cole o texto na ferramenta de voz de IA escolhida. Selecione uma voz e visualize como ela soa com o seu conteúdo. Se necessário, ajuste a pontuação ou a formatação para melhorar a entrega da narração. Muitas ferramentas permitem adicionar pausas, entonações ou até especificar emoções como "empolgado", "calmo" ou "dramático". Quando a voz soar natural, gere o arquivo de áudio em formato MP3 ou WAV. Agora você tem uma narração profissional que pode ser usada em um vídeo, podcast ou audiolivro. Você pode editá-la em softwares gratuitos como Audacity ou usar o Descript se quiser fazer alterações simplesmente editando o texto em vez da forma de onda.

Uma ótima maneira de desenvolver habilidade e confiança é praticar com conteúdos curtos. Comece convertendo textos de 30 segundos a 1 minuto em um pequeno clipe narrado. Pode ser uma citação motivacional, um pequeno artigo ou a introdução de um vídeo do YouTube. Esses testes ajudam você a se familiarizar com os controles da ferramenta, tipos de voz e fundamentos da edição de áudio. À medida que ganhar experiência, você poderá avançar para projetos maiores como episódios completos de podcast, narrações de páginas de vendas ou capítulos de audiolivros. Com cada novo projeto, você se tornará melhor na formatação de roteiros, escolha de vozes e fluxo de produção.

Embora as vozes de IA abram enormes oportunidades, também é importante conhecer as regras. Nem todos os modelos de voz possuem licença para uso comercial, especialmente em planos gratuitos. Algumas plataformas exigem upgrade para planos pagos caso você queira usar vozes geradas em audiolivros ou vídeos monetizados. Além disso, se você pretende clonar a voz de alguém — mesmo a sua própria — para uso comercial, é necessário garantir que possui os direitos legais e a permissão adequada. Plataformas como ElevenLabs e PlayHT frequentemente possuem formulários de consentimento ou diretrizes éticas para evitar uso indevido. Sempre leia os termos de licenciamento e uso antes de publicar ou vender qualquer conteúdo gerado por voz de IA.

Por fim, vamos falar sobre onde tudo isso pode levar você. Depois de dominar as ferramentas, você pode começar a transformar seu conteúdo narrado em renda real. Você pode publicar audiolivros em plataformas como Findaway Voices, ACX ou Spotify for Podcasters. Pode oferecer serviços de narração no Fiverr ou Upwork. Também pode usar sua própria voz de IA para criar conteúdo de marca para canais do YouTube ou cursos online. O segredo é começar pequeno, dominar o processo e expandir gradualmente. Em poucas semanas, aquilo que antes era apenas um documento de texto pode se transformar em uma biblioteca de produtos de áudio lucrativos, todos narrados sem que você precise entrar em um estúdio.

Agora que você entende como começar com vozes de IA, vamos entrar em uma história real que dá vida a essa ideia.

Alex e o poder do ElevenLabs

Alex Martinez estava sentado na beira da cama olhando para a tela iluminada de seu laptop. Eram 2h13 da manhã, e ele navegava por sites de freelancers procurando desesperadamente por um trabalho extra. Seu emprego como atendente de suporte ao cliente mal pagava as contas, e seu sonho de se tornar um empreendedor digital parecia cada vez mais distante. Quando estava prestes a fechar o laptop frustrado, um anúncio chamou sua atenção: "Transforme texto em áudio. Sem precisar de voz. Comece a vender audiolivros e narrações com IA."

Desconfiado, mas curioso, ele clicou.

O anúncio o levou a um tutorial gratuito sobre o ElevenLabs. A promessa era simples: com apenas alguns cliques, qualquer pessoa poderia gerar narrações realistas para audiolivros, cursos ou vídeos de marketing — sem precisar de microfone ou experiência em atuação. A ideia parecia boa demais para ser verdade, mas Alex sempre gostou de escrever. Se aquilo pudesse ajudá-lo a transformar seus antigos posts de blog em audiolivros ou serviços de narração, talvez valesse a pena tentar.

Ele criou uma conta gratuita, copiou um trecho de um post de blog que havia escrito no ano anterior e colou no campo de texto. Escolheu uma voz masculina americana calma e acolhedora e clicou em "Generate".

O resultado o surpreendeu.

A voz era expressiva, quase humana. Enfatizava certas frases, fazia pausas naturais e soava como algo que você ouviria em um audiolivro profissional. Alex ouviu novamente, arrepiado. Ele não havia gravado nada — apenas escreveu palavras que agora ganhavam vida por meio da inteligência artificial. Em menos de uma hora, ele criou uma amostra narrada de três minutos que parecia ter sido produzida em um estúdio profissional.

No dia seguinte, ele enviou sua amostra para o Fiverr e criou um novo serviço: "Vou narrar seu roteiro usando uma voz profissional de IA." Ele colocou o preço em apenas 10 dólares, sem saber se alguém sequer veria seu anúncio.

Em menos de 48 horas, recebeu três pedidos.

Um dos clientes perguntou se ele poderia criar uma versão em audiolivro de um ebook. Alex entrou em pânico. Nunca havia feito um audiolivro antes. Mas lembrou que o tutorial mencionava o Findaway Voices. Depois de uma pesquisa rápida, percebeu que poderia gerar roteiros maiores no ElevenLabs, editar no Audacity e enviar os capítulos finalizados.

Naquele mesmo fim de semana, ele entregou sua primeira narração de audiolivro. O cliente deixou uma avaliação de cinco estrelas e uma gorjeta de 20 dólares.

Animado com o início promissor, Alex criou um sistema. Todas as manhãs escrevia ou revisava roteiros. À tarde gerava e editava os áudios. À noite enviava amostras, respondia mensagens de clientes e promovia seus serviços. Ele adicionou novas vozes, aprendeu a ajustar tom e ritmo e até experimentou criar um clone da própria voz para construir um podcast pessoal.

Em pouco tempo, seu perfil no Fiverr tinha mais de 50 avaliações, e ele já ganhava mais com narrações feitas com IA do que em seu emprego de tempo integral.

Um de seus momentos favoritos foi quando narrou um podcast de meditação para um cliente na Austrália. O cliente enviou uma mensagem dizendo: “Não acredito que isso é IA. Parece tão real. Meus ouvintes adoraram.”

Aquilo fez Alex perceber algo importante. Não se tratava apenas de ganhar dinheiro. Era sobre ajudar pessoas a contar histórias, ensinar ideias e se conectar com o público — usando o poder da tecnologia.

Seis meses depois daquela madrugada sem dormir, Alex pediu demissão. Ele não precisava mais procurar trabalhos às duas da manhã. Havia construído um sistema que transformava sua escrita em áudio — e esse áudio em renda.

E tudo começou com uma voz, um parágrafo e uma decisão de tentar.

Capítulo 2: Escolhendo as Ferramentas de Voz com IA Certas

Agora que você entende o potencial da tecnologia de voz com IA e como começar, é hora de escolher as ferramentas certas. Essa decisão pode influenciar a qualidade, as opções de licenciamento, o fluxo de trabalho e a rentabilidade final do seu conteúdo em áudio. Seja para criar audiolivros, podcasts, cursos online, narrações para YouTube ou oferecer serviços de voiceover como freelancer, selecionar a melhor ferramenta de voz com IA economizará tempo, melhorará a qualidade do seu áudio e ajudará você a construir uma fonte de renda sustentável.

O primeiro fator a considerar é a qualidade da voz. O realismo da voz gerada é o principal diferencial entre as ferramentas. Algumas ferramentas gratuitas de conversão de texto em fala ainda soam robóticas ou sem emoção. Você precisa de vozes que transmitam tom, emoção e ritmo conversacional. Plataformas como ElevenLabs, PlayHT, LOVO AI e Descript oferecem vozes quase humanas com a capacidade de ajustar tom, ritmo, ênfase e emoção. Essas são as vozes capazes de vender um produto, manter a atenção do ouvinte e entregar narrações longas sem parecer artificiais.

O segundo fator é a compatibilidade com o tipo de projeto. Diferentes ferramentas são otimizadas para diferentes usos. Por exemplo, o Descript é ideal para podcasts e narrações de vídeo porque permite editar o áudio simplesmente modificando o texto. Ele também permite remover automaticamente palavras de preenchimento, ruídos de fundo e pausas desnecessárias. Já o ElevenLabs é excelente para audiolivros e narrativas longas, graças ao controle de emoção e à entrega extremamente realista. O PlayHT é mais indicado para conteúdos multilíngues e trabalhos que exigem rapidez. Ele oferece mais de 800 vozes em mais de 130 idiomas e sotaques, sendo perfeito para audiências globais.

Licenciamento e direitos comerciais são o terceiro fator mais importante. Nem todas as ferramentas permitem uso comercial de suas vozes em planos gratuitos ou básicos. Se você pretende publicar audiolivros na Audible, vender serviços de narração no Fiverr ou incluir narrações com IA em vídeos do YouTube, é essencial revisar a política de uso comercial. Por exemplo, os planos PlayHT Pro e ElevenLabs Creator oferecem licenciamento livre de royalties, mas apenas em planos pagos. Usar versões gratuitas para trabalho comercial pode resultar em remoção de conteúdo por direitos autorais ou até mesmo bloqueios em plataformas.

Outro fator importante é a personalização e clonagem de voz. Algumas ferramentas, como Murf.ai e ElevenLabs, permitem enviar amostras da sua própria voz e cloná-la com IA. Isso significa que você pode gerar narrações com sua própria voz sem precisar gravar cada palavra manualmente. Essa é uma opção poderosa para empreendedores, coaches, educadores e criadores que desejam consistência em todo o conteúdo — especialmente se você quiser ser "a voz" da sua marca. No entanto, a clonagem geralmente exige um plano premium e verificação de direitos de voz para garantir uso ético.

A integração com o fluxo de trabalho também é um fator crítico. Escolha ferramentas que se encaixem no seu processo atual de criação de conteúdo. Por exemplo, se você usa Canva, Premiere Pro ou Final Cut, verifique se a plataforma de voz com IA permite exportação fácil de áudio ou integração com plugins. Se você trabalha com conteúdo longo como cursos online ou audiolivros, procure ferramentas que ofereçam processamento em lote, exportação por capítulos ou geração de áudio em massa. Ferramentas como Speechelo e Synthesys oferecem exportações simples para integração com vídeos, enquanto o Descript oferece linhas do tempo e edição multifaixa para resultados mais profissionais.

O preço é o fator final — e muitas vezes decisivo. A maioria das plataformas segue um modelo freemium, com vozes básicas ou limite de caracteres gratuitos, enquanto o uso profissional exige assinatura. Planos iniciais geralmente variam entre 9 e 29 dólares por mês, enquanto planos mais avançados podem chegar a 99 dólares ou mais. Antes de assinar, vale a pena testar diferentes plataformas e comparar os resultados. Pequenas diferenças de qualidade ou experiência do usuário podem determinar se você conseguirá produzir áudios prontos para clientes ou narrações realmente envolventes.

Resumindo, ao escolher suas ferramentas de voz com IA, faça as seguintes perguntas: eu preciso de entrega emocional? Estou criando vídeos curtos ou audiolivros longos? Preciso de vozes em diferentes idiomas? Pretendo publicar ou vender esse conteúdo comercialmente? Quero clonar minha própria voz? E essa ferramenta se integra bem ao meu sistema de criação de conteúdo? As respostas a essas perguntas ajudarão você a escolher a plataforma certa.

No próximo capítulo, veremos como usar sua ferramenta de IA escolhida passo a passo — desde a escrita do roteiro até a geração e edição do produto final em áudio. Mas antes, vamos acompanhar a história de alguém que testou várias ferramentas, cometeu erros e encontrou a voz perfeita para construir uma marca lucrativa de conteúdo em áudio.

Sem microfone, sem estúdio

Jasmine Patel sempre sonhou em se tornar uma contadora de histórias. Seus cadernos estavam cheios de contos, poemas e fragmentos de romances que ela nunca teve coragem de publicar. Mas a vida acabou interferindo — como geralmente acontece. Entre administrar uma pequena livraria, criar dois filhos e lidar com as contas, seu trabalho criativo permaneceu guardado em pastas no laptop. Até uma terça-feira à noite, quando ela encontrou um tópico no Reddit com o título: “Transformei meu conto em um audiolivro usando IA — sem microfone, sem estúdio.”

Curiosa e um pouco cética, Jasmine clicou.

O post incluía um exemplo de áudio criado com ElevenLabs. Jasmine apertou o play. Uma voz suave e expressiva narrava um parágrafo sobre um mundo pós-apocalíptico com tanta clareza e emoção que ela se inclinou para frente. “Não é possível”, sussurrou para si mesma. “Isso é IA?” Ela passou a noite pesquisando ferramentas de voz com IA. No dia seguinte, depois de colocar os filhos para dormir, decidiu testá-las.

Primeiro tentou uma ferramenta gratuita na web que prometia narração realista. O resultado soou robótico e vazio — definitivamente não era o que ela queria. Em seguida, criou uma conta no PlayHT. A variedade de vozes e idiomas era impressionante, e ela ficou surpresa com a rapidez na geração do áudio. Mas quando testou uma história com momentos emocionais, a voz parecia muito plana. Soava mais como um tradutor do que como um contador de histórias. Não era ruim para narrações rápidas, pensou ela, mas talvez não fosse a ideal.

Depois criou uma conta de teste no ElevenLabs. Colou algumas linhas de um de seus contos favoritos e escolheu uma voz chamada "Female — Calm & Expressive". Quando clicou em gerar e ouviu o resultado, seu coração acelerou. As pausas eram naturais. A emoção do personagem estava presente. A última frase da história lhe deu arrepios — e ela mesma havia escrito aquilo.

"É essa", ela sussurrou.

Nos dias seguintes, Jasmine testou vozes diferentes para histórias diferentes. Uma voz masculina profunda para histórias de suspense. Uma voz leve e jovem para contos infantis. Ela até experimentou criar um clone da própria voz usando gravações feitas no celular. Foi surreal ouvir sua própria voz narrando uma história sem que ela estivesse realmente falando. Com cada ferramenta testada, ela fazia anotações: PlayHT para histórias internacionais, Descript para sua ideia de podcast e ElevenLabs para ficção.

Mas não se tratava apenas das ferramentas — tratava-se das possibilidades.

Jasmine percebeu que não precisava enviar manuscritos para editoras ou alugar um estúdio. Ela podia narrar, editar e publicar tudo diretamente da sala de casa.

E foi exatamente isso que fez.

Ela publicou seu primeiro audiolivro narrado com IA no Findaway Voices. Depois outro. Depois lançou um podcast de ficção seriada usando vozes de IA como atores. Ela passou a se apresentar como "uma contadora de histórias da nova era, impulsionada por inteligência artificial".

Seis meses depois, seus livros já tinham milhares de reproduções. Um pequeno grupo de fãs começou a acompanhar suas histórias de fantasia, alguns até enviando mensagens de admiração. Um ouvinte da Alemanha escreveu: "Suas histórias me ajudaram em um momento difícil. As vozes parecem tão reais."

Jasmine chorou ao ler aquilo.

O que começou como um tópico no Reddit se transformou em uma carreira — não porque ela tinha o melhor equipamento, mas porque encontrou a ferramenta certa e teve coragem de tentar.

Capítulo 3: Criando Audiolivros Passo a Passo

Criar um audiolivro com IA pode parecer um desafio técnico, mas na realidade o processo foi simplificado a tal ponto que qualquer pessoa com um computador e acesso à internet pode fazê-lo. Neste capítulo, vamos percorrer todo o processo passo a passo para produzir seu próprio audiolivro — desde a preparação do roteiro até a geração de voz, edição, masterização e publicação. Seja adaptando seu próprio livro ou narrando conteúdo de outras pessoas como serviço, esse processo ajudará você a transformar texto simples em um produto de áudio profissional que pode ser monetizado ou distribuído em plataformas como Findaway Voices, Audible ou no seu próprio site.

O primeiro passo é preparar o roteiro. Se você já tem um livro ou ebook escrito, essa etapa é simples. No entanto, é essencial revisar e formatar o texto para áudio. O texto escrito nem sempre soa bem quando lido em voz alta. Parágrafos muito longos, pontuação complexa e linguagem excessivamente formal podem soar estranhos em formato de áudio. Divida o conteúdo em frases curtas e naturais. Adicione pausas quando necessário, utilize transições claras e ajuste a gramática para combinar com o ritmo da fala. O objetivo é fazer com que o ouvinte sinta que alguém está falando diretamente com ele — e não lendo um livro didático.

Em seguida vem a seleção da voz e a narração usando sua ferramenta de voz com IA. Escolha uma voz que combine com o tom e o público do seu audiolivro. Para ficção, considere usar uma voz com alcance emocional. Para não ficção, prefira clareza, confiança e calor humano. A maioria das plataformas permite testar várias vozes com um pequeno trecho antes de escolher. Se você estiver trabalhando com uma história de ficção com vários personagens, pode até usar vozes diferentes para cada personagem. Ferramentas como ElevenLabs e Murf AI permitem utilizar múltiplas vozes no mesmo arquivo de áudio. Basta colar o roteiro, atribuir vozes às diferentes partes ou personagens e ajustar emoção ou ritmo conforme necessário.

Depois de definir as configurações de voz, divida seu livro em seções menores. O ideal é gerar o áudio por capítulos ou subcapítulos para evitar arquivos muito grandes e facilitar a edição. Gere cada seção separadamente e escute com atenção para identificar problemas de pronúncia, pausas estranhas ou artefatos de áudio. Se necessário, ajuste a pontuação do roteiro ou adicione vírgulas, pontos ou reticências para criar pausas mais naturais. Quando a narração estiver correta, exporte o arquivo como MP3 ou WAV.

O próximo passo é a edição e masterização. É nesse momento que você limpa o áudio bruto para garantir qualidade profissional. Se estiver usando o Descript, pode editar diretamente alterando o texto e removendo palavras repetidas ou erros. Para edição mais detalhada, utilize o Audacity (gratuito) ou o Adobe Audition (pago). Remova qualquer ruído indesejado, ajuste o volume entre os capítulos e aplique uma leve compressão para deixar o som mais consistente e agradável. Certifique-se de que todos os capítulos estejam normalizados no mesmo nível de volume, normalmente entre -18 e -20 LUFS para audiolivros. Isso evita mudanças bruscas de volume entre capítulos.

Depois da edição, organize seus capítulos em uma pasta numerada e crie os metadados de cada arquivo: título do capítulo, título do livro, autor, narrador e número do arquivo. Esses detalhes são importantes ao enviar seu audiolivro para distribuidores como Findaway Voices ou ACX. Você também precisará de uma capa quadrada (2400 x 2400 pixels), uma breve descrição do livro, biografias do autor e do narrador e uma confirmação de direitos autorais. Se estiver publicando em seu próprio nome, você deverá confirmar que possui todos os direitos do conteúdo e das vozes geradas ou que tem autorização para usá-las comercialmente.

O passo final é enviar e publicar seu audiolivro. Plataformas como Findaway Voices permitem que você carregue todos os capítulos, adicione metadados e escolha parceiros de distribuição — incluindo Audible, Spotify, Apple Books e outros. Você definirá o preço de venda, as configurações de royalties e em quais lojas deseja vender o audiolivro. A aprovação normalmente leva de cinco a dez dias úteis. Depois de publicado, você pode começar a promover seu audiolivro nas redes sociais, newsletters por e-mail ou anúncios pagos. Você receberá royalties por cada venda, geralmente entre 40% e 50%, dependendo da plataforma.

Criar audiolivros com IA não é apenas um uso interessante da tecnologia — é uma verdadeira oportunidade de negócio. Com as ferramentas e o processo corretos, você pode transformar qualquer livro, blog ou artigo em um produto que gera renda passiva por anos. No próximo capítulo, exploraremos como oferecer serviços de narração para clientes — mas antes, vamos conhecer a história de alguém que transformou seu antigo blog em um audiolivro de sucesso usando apenas IA e determinação.

A história de Rebecca

Rebecca Lin não acessava seu blog havia quase três anos. O que antes era um hábito semanal cheio de paixão e propósito havia ficado esquecido no meio de sua rotina agitada como gerente de marketing. Mas quando sua empresa reduziu funcionários durante uma crise econômica, Rebecca se viu desempregada, olhando para o cursor piscando na barra de busca do Google. Ela digitou: "como ganhar dinheiro com conteúdo que você já tem". Entre os resultados apareceu um vídeo intitulado: "Transforme blogs antigos em audiolivros com IA". Parecia estranhamente específico — e ao mesmo tempo perfeito.

Curiosa, Rebecca abriu o arquivo de seu antigo blog. Havia dezenas de artigos longos sobre desenvolvimento pessoal, mindfulness e formação de hábitos. Ela havia colocado muito de si nesses textos. Será que eles realmente poderiam se transformar em algo mais?

Ela copiou seu artigo mais popular, adaptou o texto para áudio e abriu o ElevenLabs. Depois de testar algumas vozes, escolheu uma com um tom calmo e equilibrado que parecia perfeito para conteúdos de crescimento pessoal. Colou o texto e clicou em "Generate".

A voz parecia quase humana. Era como se outra pessoa estivesse lendo suas palavras — alguém com confiança, clareza e tranquilidade. A narração fazia seu texto soar ainda melhor do que ela lembrava. Ela dividiu o artigo em três partes e gerou cada uma como um arquivo separado. Em seguida baixou o Audacity, assistiu a um tutorial de dez minutos no YouTube e juntou os arquivos. O resultado final foi o primeiro capítulo de seu audiolivro.

Motivada, Rebecca decidiu transformar dez de seus melhores artigos em um audiolivro completo. Criou um pequeno roteiro de introdução, gerou o áudio no ElevenLabs e gravou seu próprio nome como autora e narradora usando o celular. Depois de editar e organizar cada capítulo, seguiu uma lista de tarefas: editar o áudio, equilibrar volumes, exportar arquivos, organizar metadados e fazer o upload.

Ela criou uma capa minimalista no Canva, escreveu uma descrição sincera e enviou tudo para o Findaway Voices.

Uma semana depois, seu audiolivro estava no ar — disponível no Spotify, Audible e outras plataformas. Ela compartilhou o link em seu antigo blog, publicou nas redes sociais e enviou para sua pequena lista de e-mails. Para sua surpresa, vendeu 22 cópias nos dois primeiros dias. Não era um número enorme, mas era suficiente para tornar tudo real.

Na semana seguinte vendeu 40.

As avaliações começaram a aparecer: "Voz relaxante e conselhos úteis." "Ouvi dirigindo para o trabalho — adorei."

Rebecca começou a enxergar seu conteúdo antigo de outra maneira. Reaproveitou mais artigos, organizou-os em coleções temáticas e lançou o Volume 2 em menos de um mês. No final daquele trimestre, já tinha quatro audiolivros publicados, cada um gerando algumas centenas de dólares por mês. Não era uma fortuna, mas era renda consistente, passiva e crescente.

O que mais a impressionou foi perceber que a barreira de entrada havia desaparecido. Nenhum estúdio. Nenhum treinamento de voz. Nenhuma equipe. Apenas suas palavras e as ferramentas certas de IA.

O que antes era um blog esquecido havia se transformado em uma série de audiolivros sobre crescimento pessoal — e as pessoas estavam ouvindo.

Uma noite ela recebeu um e-mail de um ouvinte no Canadá: “Obrigado por compartilhar suas palavras. Encontrei seu livro no momento certo.”

Rebecca sorriu e fechou o laptop.

Ela não estava apenas criando audiolivros. Estava conectando pessoas, inspirando vidas e construindo algo maior — tudo de casa, um capítulo de cada vez.

Capítulo 4: Vendendo Serviços de Voz com IA como Freelancer

Agora que você aprendeu a gerar narrações e audiolivros de alta qualidade usando IA, é hora de transformar essas habilidades em renda. Trabalhar como freelancer com ferramentas de voz com IA é uma das maneiras mais rápidas e de menor custo para começar a ganhar dinheiro online. Você não precisa falar em um microfone, reservar estúdio ou ter anos de experiência em atuação de voz. Com o posicionamento certo, amostras de portfólio e plataformas adequadas, você pode começar a oferecer serviços de voz com IA hoje mesmo e conquistar clientes ainda esta semana. Este capítulo mostrará tudo o que você precisa saber para vender narrações como serviço — incluindo plataformas, preços, perfis, sistemas de entrega e escalabilidade.

Comece escolhendo seu nicho. Embora as vozes de IA sejam versáteis, você terá mais sucesso se se especializar em um tipo específico de serviço de narração. Nichos populares incluem narração para YouTube, introduções de podcast, scripts de meditação, narração de audiolivros, narração para vídeos explicativos, narração para cursos online, sistemas de correio de voz e anúncios de rádio. Pense no tom, estilo e público que você deseja atender. Você oferecerá vozes calmas e relaxantes?

Profissionais e corporativas? Energéticas e animadas? Seu nicho determinará como você promoverá seus serviços e quais amostras de voz irá criar.

Depois de escolher seu nicho, você precisa criar um portfólio de amostras. Mesmo que nunca tenha tido um cliente real, você pode criar projetos fictícios que demonstrem suas habilidades. Por exemplo, narre um pequeno roteiro de um comercial fictício, uma citação motivacional, um trecho de história ou a introdução de um curso. Use sua ferramenta de voz com IA para gerar um áudio limpo e profissional e organize esses clipes em um portfólio simples. Você pode enviar os arquivos para SoundCloud, Google Drive ou incorporá-los em seus perfis de freelancer. De três a cinco amostras de voz, com duração entre 30 e 90 segundos cada, geralmente são suficientes para começar.

Em seguida, crie seus perfis de freelancer. As melhores plataformas para vender serviços de voz com IA são Fiverr, Upwork, Freelancer.com e PeoplePerHour. O Fiverr é ideal para iniciantes porque é mais fácil posicionar serviços com preços iniciais baixos. O Upwork oferece clientes de longo prazo com pagamentos maiores, mas exige propostas mais estruturadas. No Fiverr, crie um título de serviço como: "Vou criar narrações profissionais com voz de IA para seus vídeos e audiolivros." Inclua palavras-chave relevantes como "voiceover", "audiobook", "narração" e "voz com IA". Envie suas amostras, escreva uma descrição convincente e ofereça pacotes básico, padrão e premium com base na quantidade de palavras ou velocidade de entrega.

Definir o preço dos seus serviços depende do tipo de cliente e do seu nível de experiência. Um bom ponto de partida é cobrar entre 10 e 20 dólares por até 100 palavras, entre 30 e 50 dólares por 500 palavras e entre 75 e 100 dólares ou mais para roteiros mais longos ou uso comercial. Ofereça entrega rápida por uma taxa extra, inclua revisões como bônus e venda serviços adicionais como música de fundo ou revisão de roteiro. Mantenha uma comunicação profissional, entregue no prazo e sempre supere as expectativas — é assim que você conquista clientes recorrentes e avaliações de cinco estrelas.

À medida que ganhar tração, você poderá escalar seu negócio criando sistemas. Gere narrações em lote para vários clientes usando seus modelos e configurações de voz salvas. Use planilhas ou um CRM gratuito para acompanhar pedidos, prazos e revisões. Crie modelos reutilizáveis para respostas, mensagens de entrega e propostas. Conforme o volume de pedidos aumentar, considere terceirizar a formatação de roteiros ou a edição de áudio para que você possa focar em vendas e atendimento ao cliente.

A promoção também é uma forma poderosa de crescer rapidamente. Compartilhe seus serviços do Fiverr nas redes sociais, YouTube, LinkedIn ou fóruns de criadores de conteúdo. Crie vídeos no TikTok mostrando demonstrações de voz com IA e bastidores do processo. Entre em contato com criadores de conteúdo no YouTube ou plataformas de cursos e ofereça narrar um vídeo gratuitamente em troca de um depoimento. Você ficará surpreso com quantos criadores gostariam de ter uma voz profissional sem precisar gravá-la.

Trabalhar como freelancer com vozes de IA não é apenas uma forma de ganhar dinheiro — também pode abrir portas para oportunidades maiores. Conforme você constrói sua base de clientes, pode evoluir para produzir audiolivros completos, criar aplicativos com narração ou até licenciar seu próprio conteúdo narrado por IA. A demanda por voz está em toda parte — e com a IA você não está limitado pelas suas próprias cordas vocais.

Agora vamos conhecer alguém que saiu de estudante desempregado para freelancer de voz com IA em tempo integral usando apenas um laptop, ferramentas gratuitas e um serviço no Fiverr.

Narrações com IA com Daniel

Daniel Cruz era um jovem de 21 anos que havia abandonado a universidade. Tinha um laptop, nenhum emprego e uma conta bancária quase vazia. Sempre teve facilidade com tecnologia, mas depois de sair da faculdade por causa dos custos das mensalidades, sentia-se perdido. Ele não queria um emprego tradicional das nove às cinco. Queria construir algo online — algo que lhe desse controle sobre seu tempo e renda.

Um dia, enquanto navegava no YouTube procurando ideias de renda extra, viu um vídeo intitulado: "Ganhe 100 dólares por dia com narrações de IA no Fiverr." No vídeo, o criador afirmava usar uma ferramenta de IA para gerar narrações e vendê-las como serviços freelance. Daniel nunca havia pensado em vender narrações, mas decidiu tentar.

Naquela mesma tarde, ele criou uma conta no ElevenLabs e abriu um perfil gratuito no Fiverr. Escreveu um pequeno roteiro para um comercial fictício — uma frase motivacional com música animada. Testou diferentes vozes, ajustou as configurações de emoção e gerou o áudio. O resultado soou surpreendentemente profissional.

Ele enviou o áudio como amostra e publicou seu serviço: "Vou criar narrações profissionais com voz de IA para seu canal do YouTube ou audiolivro." Definiu o preço básico em 15 dólares e ofereceu entrega em 24 horas.

Três dias se passaram sem nenhum pedido.

Então apareceu uma notificação: "Você recebeu um novo pedido."

Um criador do YouTube queria uma introdução de 60 segundos para um vídeo. Daniel começou imediatamente. Pediu o roteiro, escolheu uma voz clara e amigável, gerou o áudio e usou o Audacity para ajustar o arquivo. Entregou o trabalho em menos de seis horas. O cliente deixou uma avaliação de cinco estrelas.

Essa avaliação gerou três novos pedidos.

Depois cinco.

Depois dez.

Em um mês, Daniel havia completado 40 pedidos. Ele criou novos serviços para narração de audiolivros, introduções de podcast e narrações de meditação. Adicionou extras pagos como entrega mais rápida, direitos comerciais e música de fundo. Reinvestiu o dinheiro em um plano pago do ElevenLabs e comprou fones de ouvido e uma ferramenta simples de edição.

Todas as noites ele gerava narrações em lote, editava os arquivos, entregava aos clientes e respondia mensagens.

Logo começaram a aparecer clientes recorrentes. Um coach de meditação em Bali. Um canal de finanças no YouTube. Uma autora que precisava de narração para quatro livros.

Daniel percebeu que, enquanto muitos freelancers lutavam para conseguir trabalhos, ele havia encontrado um ponto ideal — um serviço com alta demanda, pouca concorrência e que não exigia talento vocal próprio.

Um dia, um cliente perguntou: "Você também faz narrações em outros idiomas?"

Daniel pesquisou e adicionou o PlayHT ao seu conjunto de ferramentas. Agora podia oferecer narrações em espanhol, português e francês. Isso abriu novos mercados internacionais.

Sua renda dobrou.

Ele passou a ganhar cerca de 3.000 dólares por mês — mais do que qualquer emprego que já teve.

E tudo começou com uma ferramenta gratuita de IA e uma voz que nem era dele.

Com o tempo, Daniel montou uma pequena equipe de freelancers para ajudar na edição de áudio e revisão de roteiros. Ele passou a focar em escalar o negócio — criando sistemas, construindo relacionamentos com clientes e promovendo seus serviços.

Ele até criou um canal no YouTube ensinando outras pessoas a iniciar seus próprios trabalhos paralelos com narração de IA.

Daniel não era mais apenas um freelancer. Ele estava administrando uma pequena agência digital impulsionada por inteligência artificial.

Olhando para trás, ele costumava dizer: “Nunca pensei que ganharia dinheiro sem dizer uma palavra.”

Mas a verdade é que ele estava dizendo muito — por meio da tecnologia, da criatividade e da persistência.

E a cada narração entregue, ele provava que a voz do futuro não precisa vir da sua garganta — apenas da sua visão.

Capítulo 5: Monetizando Podcasts, Cursos e YouTube com Vozes de IA

Além de audiolivros e serviços freelance, um dos usos mais lucrativos da tecnologia de voz com IA é criar e monetizar seu próprio conteúdo — especificamente podcasts, cursos online e vídeos no YouTube. Cada uma dessas plataformas oferece oportunidades escaláveis e repetíveis para gerar renda passiva ou recorrente usando conteúdo baseado em narração. Você não precisa mais de um estúdio profissional ou equipamentos caros para construir uma marca e uma fonte de renda. Com IA, tudo o que você precisa é de um roteiro, a voz certa e uma estratégia de monetização. Este capítulo mostrará como transformar narrações com IA em conteúdo que gera dinheiro muito depois de ser publicado.

Vamos começar com podcasts. Os podcasts cresceram enormemente em popularidade, e cada vez mais criadores entram nesse mercado. Com ferramentas de voz com IA, você pode lançar um podcast solo em praticamente qualquer nicho — mesmo que não goste da sua própria voz ou não queira se gravar. Escolha um tema pelo qual você tenha interesse ou conhecimento. Pode ser desenvolvimento pessoal, empreendedorismo, histórias, finanças, relacionamentos ou até ferramentas de IA. Escreva roteiros curtos de cinco a dez minutos para cada episódio. Use sempre a mesma voz de IA para criar familiaridade com os ouvintes e gere episódios semanalmente ou em lote.

Depois de ter os arquivos de áudio do podcast, você pode publicá-los em plataformas como Spotify for Podcasters, Buzzsprout, Podbean ou Anchor. Essas plataformas distribuem seu podcast para grandes serviços como Spotify, Apple Podcasts e Google Podcasts. A monetização pode vir de segmentos patrocinados, links de afiliados nas notas do episódio, doações de ouvintes por meio de plataformas como Buy Me a Coffee ou até seus próprios produtos e serviços digitais. À medida que seu podcast cresce, sua voz de IA se torna o "apresentador" consistente do programa, e sua renda cresce a cada episódio publicado.

Agora vamos falar sobre cursos online. O ensino digital é uma indústria bilionária, e criadores estão ganhando dinheiro significativo ensinando o que sabem. Com vozes de IA, você pode criar aulas narradas de alta qualidade sem precisar gravar sua própria voz. Escolha um tema para o curso — algo que você domine ou esteja disposto a pesquisar. Divida o tema em módulos ou lições curtas, cada uma com um objetivo de aprendizado claro. Escreva os roteiros para cada aula, use vozes de IA para narrá-las e combine com slides criados no Canva ou PowerPoint. Depois exporte os slides e a narração como vídeo usando ferramentas como Pictory, Synthesia ou Lumen5.

Quando suas aulas estiverem prontas, envie-as para plataformas como Udemy, Teachable, Thinkific ou Skool. Você também pode vender cursos diretamente em plataformas como Gumroad ou Podia. Essas plataformas permitem cobrar desde 10 dólares até 500 dólares ou mais, dependendo do valor do curso e do público. Você também pode adicionar questionários ou resumos gerados por IA para aumentar o engajamento. O segredo é automatizar e padronizar o conteúdo para que o curso funcione praticamente no piloto automático enquanto você coleta avaliações e renda ao longo do tempo.

Agora vamos falar sobre o YouTube, uma das plataformas mais poderosas para construir uma marca e gerar renda passiva. Usando vozes de IA, você pode criar vídeos sem aparecer que geram receita de anúncios, comissões de afiliados e promovem seus próprios produtos. Comece escolhendo um nicho de conteúdo como produtividade, ferramentas de IA, finanças, histórias ou listas do tipo "top 10". Escreva roteiros curtos para vídeos de três a dez minutos. Use ferramentas de voz com IA como ElevenLabs, PlayHT ou Murf AI para narrar os roteiros. Em seguida, adicione elementos visuais usando ferramentas como Pictory, InVideo, CapCut ou Canva Pro. Essas plataformas permitem arrastar e soltar vídeos de banco de imagens, animações e textos em movimento sincronizados com sua narração.

Depois que seus vídeos estiverem prontos, publique de forma consistente e otimize para busca. Use títulos fortes, miniaturas com alta taxa de cliques e descrições ricas em palavras-chave. A monetização pode vir do YouTube AdSense (quando você atingir mil inscritos e quatro mil horas de visualização), mas também de links de afiliados nas descrições dos vídeos. Você pode promover produtos, serviços ou até seus próprios audiolivros ou cursos. Também é possível criar assinaturas pagas ou oferecer downloads digitais usando plataformas como Ko-fi ou Patreon.

O que torna o conteúdo com voz de IA tão poderoso nessas três plataformas — podcasts, cursos e YouTube — é a escalabilidade. Você pode produzir conteúdo mais rápido do que nunca, testar diferentes formatos e construir múltiplas fontes de renda sem se sobrecarregar. Comece com um episódio, uma aula ou um vídeo por semana. Foque em qualidade e clareza. Deixe a IA fazer a narração enquanto você cuida da estratégia e da monetização.

Agora vamos acompanhar a história de uma criadora que começou com zero seguidores e nenhuma câmera, mas usou ferramentas de voz com IA para construir três fontes de renda baseadas em conteúdo — tudo isso sem mostrar o rosto.

A história de Chloe

Chloe Nguyen nunca gostou de aparecer em frente às câmeras. Ela não era exatamente tímida — apenas valorizava sua privacidade. Enquanto seus amigos gravavam vídeos para TikTok e Reels, Chloe preferia escrever. Ainda assim, ela sonhava em construir algo online — algo passivo, escalável e significativo. Já havia tentado blogs e marketing de afiliados sem muito sucesso. Então, um dia, pesquisando ideias de renda extra, encontrou um canal no YouTube chamado "Faceless Creators". O canal mostrava criadores que usavam vozes de IA para produzir conteúdo e ganhar dinheiro online.

Naquela noite, Chloe decidiu tentar.

Ela começou com um podcast. Sempre gostou de falar sobre saúde mental e mindfulness. Escreveu um roteiro de cerca de 500 palavras sobre "Como superar o diálogo interno negativo" e usou o ElevenLabs para gerar uma voz feminina calma e acolhedora para narrar o episódio. O resultado foi perfeito — íntimo, suave e profissional. Ela adicionou uma música ambiente leve, exportou o arquivo MP3 e publicou seu primeiro episódio no Spotify usando o Anchor. Sem foto, sem rosto, apenas suas palavras e uma voz digital.

Ela compartilhou o episódio em alguns grupos do Facebook. Para sua surpresa, recebeu algumas mensagens agradecendo pelo conteúdo. Uma mulher escreveu: "Sua voz parece um abraço." Chloe sorriu — a voz não era dela, mas as palavras eram.

Animada, criou um segundo episódio. Depois um terceiro. Em algumas semanas, já tinha uma pequena audiência crescendo. Ela adicionou um link do Ko-fi para receber doações. As pessoas começaram a contribuir. Então alguém perguntou: "Você tem um curso sobre isso?"

Aquilo despertou uma nova ideia.

Chloe pegou seus melhores episódios de podcast e transformou em um curso chamado "Reprograme sua mentalidade em 10 dias". Escreveu os roteiros, usou vozes de IA para narrar cada aula e criou slides no Canva. Publicou o curso no Gumroad por 29 dólares.

As vendas começaram lentamente. Cinco na primeira semana. Depois dez. Em seguida alguém compartilhou o curso em um grupo online, e as vendas aumentaram rapidamente. Chloe adicionou uma meditação guiada como bônus — também narrada com IA — e aumentou o preço para 49 dólares. Em duas semanas, havia ganhado mais dinheiro com aquele curso do que em seis meses de blogging. E o melhor de tudo: sem equipamentos de gravação, sem filmagens e sem aparecer em vídeo.

Mas Chloe não parou por aí.

Ela pegou o mesmo conteúdo e criou um canal no YouTube. Usando o Pictory, transformou cada roteiro em um vídeo com imagens de banco e narração com IA. Publicava semanalmente vídeos motivacionais, dicas de saúde mental e meditações visuais relaxantes. Otimizou títulos, criou miniaturas no Canva e compartilhou os vídeos em fóruns do nicho.

Lentamente os inscritos começaram a crescer.

Após seis meses, ela atingiu mil inscritos e quatro mil horas de visualização — o suficiente para ativar a monetização do YouTube.

Hoje Chloe ganha renda passiva nas três plataformas. Seu podcast gera doações e constrói audiência. Seu curso vende automaticamente no Gumroad e por meio de afiliados. Seu canal no YouTube gera receita de anúncios e links de afiliados para ferramentas de journaling e livros de desenvolvimento pessoal.

Tudo construído em torno de suas palavras e de uma voz de IA.

Ela ainda nunca mostrou o rosto.

Mas sua voz digital — aquela narradora calma que ela personalizou — agora é reconhecida por milhares de seguidores ao redor do mundo.

Chloe provou que, na era da inteligência artificial, você não precisa ser barulhento, extravagante ou famoso para construir algo relevante.

Você só precisa de uma mensagem que valha a pena compartilhar — e das ferramentas certas para dar voz a ela.

Capítulo 6: Construindo um Sistema de Renda Passiva com Conteúdo de Voz

Agora que você criou conteúdo usando vozes de IA e aprendeu a monetizá-lo em várias plataformas, é hora de juntar tudo em um sistema de renda passiva. Um sistema de renda passiva é um conjunto de processos automatizados ou semi-automatizados que continuam gerando receita com pouco esforço diário. Em vez de correr atrás de clientes ou trabalhos pontuais o tempo todo, essa abordagem permite que você crie uma vez e continue ganhando continuamente com produtos digitais impulsionados por narração com IA. Neste capítulo, veremos como configurar sua máquina de renda passiva usando conteúdo de voz distribuído em várias plataformas.

A base de qualquer sistema passivo é aproveitar uma única peça de conteúdo em várias fontes de renda. Imagine que você escreveu um guia de dez páginas sobre produtividade. Você pode narrá-lo usando uma voz de IA e lançá-lo como audiolivro no Findaway Voices. Depois pode dividir o mesmo roteiro em cinco episódios de podcast usando Spotify for Podcasters. Em seguida, pode transformá-lo em um minicurso online no Gumroad. Por fim, pode converter cada seção em um vídeo curto sem aparecer para o YouTube. A partir de um único roteiro, você agora tem quatro conteúdos diferentes em quatro plataformas monetizadas — todos utilizando geração de voz com IA e ferramentas gratuitas ou de baixo custo.

O segundo componente é automatizar a criação e distribuição de conteúdo. Use ferramentas de IA para reduzir o tempo gasto escrevendo, editando e publicando. Para roteiros, ferramentas como ChatGPT, Jasper ou Claude podem ajudar a criar rapidamente esboços, artigos ou planos de aula. Use ferramentas de voz como ElevenLabs para gerar o áudio e plataformas de criação de vídeo como Pictory, InVideo ou Lumen5 para combinar imagens com a narração. Você também pode automatizar a publicação usando ferramentas como Zapier ou Make.com, nas quais o envio de um episódio de podcast pode automaticamente gerar posts em redes sociais ou envios de newsletter. Essa automação permite que você publique conteúdo com consistência sem precisar executar cada etapa manualmente.

O próximo elemento é criar um hub central de conteúdo. Esse hub pode ser um site, blog ou página de links onde todo o seu conteúdo narrado esteja disponível. Use construtores de sites simples como Carrd, WordPress ou Notion para mostrar links para seus audiolivros, episódios de podcast, vídeos do YouTube e cursos. Adicione formulários de inscrição usando plataformas como MailerLite ou ConvertKit para coletar e-mails de seguidores e avisá-los quando novos conteúdos forem lançados. Com o tempo, esse hub se torna o local onde as pessoas encontram seu trabalho, interagem com seu conteúdo e compram seus produtos digitais — mesmo enquanto você dorme.

Outro elemento importante é a monetização recorrente. Embora vendas únicas sejam ótimas, modelos de assinatura, comissões de afiliados e receita de anúncios trazem renda de longo prazo. Por exemplo, você pode criar um podcast por assinatura usando plataformas como Supercast ou oferecer conteúdo exclusivo pago no Patreon. Também pode recomendar ferramentas de IA ou produtos do seu nicho usando programas de afiliados como PartnerStack, Impact ou Gumroad Affiliates. Além disso, pode monetizar seu conteúdo no YouTube ou Spotify com anúncios conforme sua audiência cresce. Com a estrutura certa, seu conteúdo narrado com IA funciona como um vendedor digital que trabalha para você 24 horas por dia.

Também é essencial criar sistemas de promoção e visibilidade. Mesmo um ótimo conteúdo não gerará renda passiva se ninguém o encontrar. Programe publicações regulares no Instagram, YouTube Shorts, TikTok ou Pinterest usando trechos de áudio narrados com IA. Reaproveite frases de podcasts ou vídeos para criar posts em carrossel ou sequências de tweets. Use hashtags estrategicamente. Interaja com criadores do seu nicho. Construa parcerias. E sempre inclua chamadas claras para ação — como "Compre meu audiolivro", "Participe do meu curso" ou "Apoie meu canal". Com o tempo, seu conteúdo se torna um ímã que atrai novos clientes e seguidores sem que você precise vender diretamente.

Por fim, meça e melhore. Use os painéis de análise do Spotify, YouTube, Gumroad e Findaway para ver quais conteúdos têm melhor desempenho. Dedique mais tempo ao que funciona e elimine o que não funciona. Teste diferentes vozes, títulos e miniaturas. Otimize seus roteiros com ganchos emocionais e palavras-chave. Ao longo de seis a doze meses, sua biblioteca de conteúdo passivo se multiplica. Você passará de alguns dólares ocasionais para uma renda mensal consistente — tudo impulsionado por conteúdo de voz gerado com IA.

Agora vamos ver como um criador estruturou todo o seu fluxo de conteúdo, construiu uma renda de cinco dígitos em menos de um ano e nunca gravou uma única palavra com sua própria voz.

Como Leo automatizou e chegou a 4.000 dólares por mês

Leo Ramirez sempre foi um apaixonado por sistemas. Como ex-analista de TI, ele adorava fluxogramas, modelos e automação. Mas quando perdeu o emprego durante uma redução de pessoal da empresa, sistemas não pagavam as contas — pelo menos não imediatamente. Ele começou a trabalhar como freelancer, mas rapidamente se sentiu esgotado com a constante necessidade de atender clientes.

Foi então que encontrou um artigo sobre "renda passiva com conteúdo de IA". No início pareceu apenas mais uma expressão da moda, mas algo fez sentido em sua mente: "E se eu usasse minhas habilidades técnicas para criar sistemas de conteúdo em vez de trocar tempo por dinheiro?"

Leo decidiu testar a ideia.

Ele escreveu um guia curto de duas mil palavras sobre gestão do tempo e usou o ChatGPT para melhorar o texto. Depois colocou o roteiro no ElevenLabs e gerou a narração usando uma voz masculina clara e profissional. Em seguida, dividiu o áudio em cinco partes e criou um podcast no Spotify for Podcasters. Também reutilizou o mesmo áudio com slides visuais no Pictory e publicou os vídeos em um novo canal do YouTube sem aparecer. Depois, usando Canva e Gumroad, transformou o conteúdo em um minicurso e o vendeu por 27 dólares.

Tudo isso foi feito em apenas uma semana.

Mas Leo não parou por aí.

Ele criou um painel no Notion para acompanhar cada conteúdo e onde havia sido publicado. Configurou automações no Zapier para que cada novo episódio de podcast fosse automaticamente compartilhado no Twitter, Facebook e em sua newsletter. Criou um site simples no Carrd como hub central e adicionou links para seu curso, canal do YouTube e podcast. Também criou modelos para roteiros, estruturas de aulas, designs de miniaturas e listas de verificação de publicação — tudo armazenado no Google Drive.

No final do primeiro mês, Leo já havia criado cinco minicursos narrados com IA, um podcast com doze episódios e dez vídeos no YouTube. Seu canal ainda tinha apenas duzentos inscritos, mas um vídeo começou a ganhar visualizações. Seu curso vendeu treze cópias. O podcast teve quatrocentas reproduções.

Não era muito, mas já estava funcionando — e tudo a partir de um trabalho feito apenas uma vez.

Nos três meses seguintes, Leo duplicou o sistema. Criou novos conteúdos sobre produtividade, renda extra e desenvolvimento pessoal — usando os mesmos fluxos de trabalho, as mesmas ferramentas de IA e a mesma voz. Também criou um pacote com todos os cursos por 97 dólares. Seu canal no YouTube chegou a mil inscritos, permitindo ativar a monetização por anúncios. Sua lista de e-mails passou de 1.500 pessoas.

Tudo estava conectado: o podcast alimentava o YouTube, o YouTube promovia o curso e o curso gerava vendas de afiliados. Era uma máquina que se alimentava sozinha.

No sexto mês, Leo já ganhava mais de 4.000 dólares por mês — totalmente passivo.

Sem clientes. Sem chamadas. Sem trabalhos personalizados.

Apenas sistemas, conteúdo e vozes de IA trabalhando continuamente.

A história de Leo não é sobre sorte — é sobre alavancagem. Ele não tinha uma grande audiência nem equipamentos caros. Ele tinha um sistema, uma estratégia e disposição para automatizar aquilo que a maioria das pessoas tenta fazer manualmente.

Como ele costumava dizer: "Construa uma vez, venda para sempre. Esse é o poder da voz passiva."

Capítulo 7: Escalando com Clonagem de Voz, Conteúdo Multilíngue e Licenciamento

Depois de criar seus primeiros produtos narrados com IA e montar um sistema de renda passiva, o próximo passo natural é escalar — alcançar mais públicos, aumentar a produção de conteúdo e multiplicar suas fontes de renda. Três estratégias poderosas podem ajudá-lo a expandir: clonagem de voz, conteúdo multilíngue e licenciamento de seus ativos de áudio. Essas técnicas avançadas permitem que você desenvolva seu negócio digital sem se sobrecarregar, posicionando-se como um criador global de conteúdo ou até como uma pequena empresa de mídia.

Vamos começar com a clonagem de voz — a capacidade de criar um modelo de voz personalizado baseado na voz real de uma pessoa. A maioria das plataformas como ElevenLabs, PlayHT e Resemble AI já oferece esse recurso. A clonagem de voz permite manter consistência de marca em todo o seu conteúdo sem precisar gravar manualmente. Você pode enviar pequenas amostras da sua própria voz (ou de outra pessoa, com permissão legal), e a ferramenta replicará o tom, o ritmo e a entonação. Isso é especialmente valioso se você estiver construindo uma voz de marca para seu canal no YouTube, podcast ou série de audiolivros. Depois que a voz é clonada, você pode gerar conteúdo em escala sem comprometer autenticidade ou identidade.

A clonagem de voz também permite criar conteúdo baseado em personagens. Imagine clonar uma voz específica para sua série de meditações, outra para histórias infantis e outra para podcasts de negócios. Isso adiciona profundidade, variedade e personalização ao seu conteúdo — o que aumenta o engajamento e a fidelidade dos ouvintes. Apenas lembre-se de que o uso ético é essencial. Nunca clone a voz de outra pessoa sem consentimento e sempre siga as regras de licenciamento da plataforma utilizada.

O próximo nível de escala é o conteúdo multilíngue. Com ferramentas de voz com IA oferecendo narrações realistas em 20, 50 ou até mais de 100 idiomas, seu conteúdo pode alcançar uma audiência global praticamente da noite para o dia. Plataformas como LOVO AI, Synthesys, Murf e PlayHT permitem traduzir seu texto, selecionar uma voz natural no novo idioma e gerar áudio em minutos. Você não precisa falar o idioma — basta traduzir o roteiro usando ferramentas como DeepL ou Google Translate, revisar com um falante nativo (se possível) e gerar a narração com IA.

Ao oferecer o mesmo audiolivro, podcast ou vídeo em vários idiomas, você multiplica instantaneamente seu mercado. Por exemplo, um audiolivro de desenvolvimento pessoal em inglês pode ter bom desempenho nos Estados Unidos e no Reino Unido — mas ao ser traduzido e narrado em espanhol, português, hindi ou mandarim, pode alcançar milhões de pessoas na América Latina, Índia ou China. Mesmo começando apenas com espanhol ou francês, você já acessa mercados enormes que ainda possuem pouca oferta de produtos digitais e conteúdos educacionais em áudio.

Por fim, vamos falar sobre o licenciamento do seu conteúdo gerado com IA. Depois de criar uma biblioteca de áudios narrados de alta qualidade — como meditações, histórias, cursos, paisagens sonoras ou episódios de podcast — você pode licenciar esse conteúdo para outros criadores, plataformas ou empresas. Isso transforma seu conteúdo em propriedade intelectual (IP) que continua gerando receita ao longo do tempo. Por exemplo, você pode licenciar um pacote de meditações guiadas para um aplicativo de bem-estar, licenciar uma série de podcasts para uma plataforma de streaming ou vender direitos comerciais limitados para suas narrações ou aulas em áudio.

Plataformas como AudioJungle, Envato Elements, Pond5 e até Gumroad podem ser usadas para vender licenças de ativos de áudio. Você pode definir seus próprios termos: uso pessoal, uso comercial, licença exclusiva ou não exclusiva. Até mesmo sua voz clonada (se permitido pela política da plataforma) pode ser licenciada para clientes que desejam um estilo ou tom específico em seus projetos de áudio. Esse modelo abre portas para contratos escaláveis e de alto valor sem exigir produção constante.

Resumindo, escalar um negócio de voz com IA significa ir além da simples narração. Use clonagem de voz para personalizar e agilizar sua produção de conteúdo. Use narração multilíngue para alcançar novos públicos ao redor do mundo. E utilize modelos de licenciamento para transformar seu conteúdo em ativos digitais vendáveis e reutilizáveis. É assim que você passa de criador individual para uma marca escalável baseada em conteúdo de voz.

Agora vamos conhecer a história de uma artista que começou vendendo uma única meditação narrada por IA e acabou licenciando toda sua biblioteca de conteúdo para empresas de bem-estar — em três idiomas diferentes.

Amara estava ganhando renda passiva fazendo o que amava

Amara Lopez sempre foi uma pessoa criativa — artista visual, professora de yoga e blogueira de bem-estar nas horas vagas. Mas o que ela mais gostava de fazer era escrever meditações.

Todas as manhãs ela criava textos poéticos e tranquilos destinados a acalmar a mente e conectar as pessoas com a respiração.

Um dia, um aluno de sua aula de yoga perguntou se ela tinha gravações de áudio de suas meditações.

Amara hesitou.

“Não... mas já pensei nisso.”

Naquela noite, ela decidiu criar uma.

Ela não tinha um bom microfone nem um espaço silencioso para gravar. Mas havia lido recentemente sobre vozes de IA que soavam humanas e tranquilas. Ela se cadastrou no ElevenLabs, colou seu roteiro no editor e escolheu uma voz feminina suave e calma.

O resultado foi impressionante.

Ela fechou os olhos e ouviu — parecia que suas palavras tinham ganhado vida através de outra pessoa. Adicionou uma música suave de uma biblioteca livre de royalties, publicou a meditação no YouTube e deu o título “Prática de Enraizamento pela Manhã”.

Em uma semana, o vídeo tinha duas mil visualizações.

Esse único vídeo inspirou uma onda de novos conteúdos. Amara escreveu dez novas meditações — cada uma focada em um tema como gratidão, energia ou paz interior — e as narrou usando sua voz de IA favorita. Ela reuniu os áudios em um álbum digital e o vendeu no Gumroad por 19 dólares.

As pessoas adoraram.

Avaliações começaram a aparecer:
"Tão relaxante."
"Parece que você está aqui comigo."
"Melhor do que Headspace."

Amara estava ganhando renda passiva fazendo o que amava — sem nunca gravar sua própria voz.

Então um cliente enviou uma mensagem em espanhol:
"¿Tienes estas meditaciones en español?"

Amara ainda não tinha — mas a ideia ficou em sua mente.

Ela traduziu os roteiros usando DeepL, foi até o PlayHT e escolheu uma voz espanhola suave e natural. O resultado foi igualmente relaxante. Ela lançou a versão em espanhol de seu pacote de meditações.

As vendas dobraram.

Depois lançou versões em francês e português.

Cada novo idioma abriu portas para novos clientes. Sua caixa de entrada começou a receber mensagens de agradecimento de pessoas ao redor do mundo.

Mas o verdadeiro ponto de virada aconteceu quando um aplicativo de bem-estar encontrou seu conteúdo no YouTube. A empresa ofereceu 1.500 dólares para licenciar cinco de suas meditações — de forma não exclusiva, com atribuição.

Ela aceitou.

Depois outro aplicativo entrou em contato.

Depois uma rede de spas na Austrália.

Amara criou um media kit, definiu termos de licenciamento (99 dólares para uso pessoal, 199 para uso comercial e 1.000 para licenças exclusivas) e começou a receber consultas semanalmente.

Logo ela não estava apenas criando meditações — estava administrando um negócio de licenciamento de conteúdo.

Ela contratou um freelancer para traduzir e formatar seus roteiros e usou clonagem de voz para criar uma voz única que se tornou a identidade de sua marca. Era calma, feminina e levemente suave — exatamente como sua narradora ideal.

Amara expandiu seu catálogo para paisagens sonoras, afirmações positivas e histórias para dormir. Tudo narrado com vozes de IA — mas guiado por sua própria criatividade e propósito.

A jornada de Amara de artista para empreendedora não foi tradicional. Ela não buscou fama, não viralizou e nunca apareceu diante de uma câmera.

Ela simplesmente escalou aquilo que amava com a ajuda da tecnologia.

Hoje seu conteúdo de voz é reproduzido em spas, aplicativos e playlists em cinco continentes — e nada disso exigiu um microfone.

Sua história prova que quando paixão encontra sistemas — e quando a voz encontra escala — você não cria apenas renda.

Você cria impacto.

Capítulo 8: Considerações Legais, Éticas e de Marca ao Usar Vozes de IA

À medida que você expande seu negócio de conteúdo com vozes de IA, torna-se cada vez mais importante compreender os aspectos legais, éticos e de marca relacionados ao que você está criando. Embora as vozes de IA abram oportunidades incríveis para criadores de conteúdo, freelancers e empreendedores, elas também trazem responsabilidades sérias. Este capítulo ajudará você a navegar por possíveis riscos legais, manter integridade ética e construir uma marca confiável e respeitada — mesmo quando a voz por trás dela não é real.

Vamos começar com as considerações legais. Uma das questões jurídicas mais importantes ao usar ferramentas de voz com IA é o direito de uso. Nem todas as plataformas permitem uso comercial de suas vozes em todos os planos. Algumas restringem o uso a projetos pessoais, a menos que você assine uma licença comercial ou empresarial. Por exemplo, ElevenLabs, PlayHT e Murf possuem níveis específicos para uso comercial, e publicar ou vender áudio gerado por IA usando suas vozes sem a licença apropriada pode resultar em remoção de conteúdo, notificações legais ou até suspensão da conta. Antes de vender audiolivros, oferecer serviços de narração freelance ou criar cursos narrados, verifique se os termos de uso da ferramenta de voz permitem explicitamente o uso comercial.

Ligado a isso está a questão da legalidade da clonagem de voz. Criar uma versão clonada da sua própria voz geralmente é permitido — e muitas vezes incentivado — desde que não seja usada para fins enganosos. No entanto, clonar a voz de outra pessoa sem permissão viola direitos de propriedade intelectual e pode resultar em ações legais. Sempre obtenha consentimento por escrito se planeja criar ou usar a voz de outra pessoa, mesmo que ela forneça amostras. Algumas ferramentas exigem envio de autorização de voz para verificar identidade antes de permitir a clonagem. Também não utilize vozes de celebridades ou figuras públicas conhecidas, a menos que exista uma licença explícita para imitação ou paródia dentro de regras de uso justo — algo raro em aplicações comerciais.

Outro elemento legal a considerar é a propriedade do conteúdo. Ao usar ferramentas de IA para gerar narrações, normalmente você mantém os direitos autorais do produto final em áudio — desde que tenha criado o texto e utilizado uma voz licenciada para narração. Entretanto, você pode não possuir o modelo de voz subjacente. Isso é importante se você planeja revender o mesmo áudio em várias plataformas ou licenciá-lo para terceiros. Se tiver dúvidas sobre seus direitos, revise as perguntas frequentes e documentos legais da plataforma ou entre em contato com o suporte antes de distribuir seu trabalho em larga escala.

Agora vamos falar sobre considerações éticas. Enquanto a lei define o que você pode fazer, a ética define o que você deveria fazer. Representar vozes de IA como se fossem humanas — especialmente em conteúdo voltado ao público — pode prejudicar a confiança. Seja honesto sobre o uso de IA quando apropriado. Por exemplo, em vez de esconder que seu curso ou audiolivro foi narrado por IA, você pode mencionar que utilizou tecnologia avançada de voz para oferecer uma experiência consistente e de alta qualidade. Essa transparência frequentemente aumenta a credibilidade, especialmente entre públicos interessados em tecnologia ou empreendedorismo.

O uso ético também envolve a forma como você promove e distribui seu conteúdo. Não anuncie falsamente suas narrações como sendo feitas por atores de voz específicos. Não venda conteúdo que você não criou ou que foi fortemente copiado de outros criadores sem transformação ou permissão. E não utilize narração com IA para criar conteúdo enganoso ou manipulador, como depoimentos falsos, promessas irreais ou publicidade enganosa. À medida que a regulamentação da IA se torna mais comum, violações éticas podem prejudicar sua marca ou atrair problemas legais.

Agora vamos falar sobre branding. Uma das maiores vantagens das vozes de IA é a possibilidade de criar um som consistente e profissional em todo o seu conteúdo sem depender da sua própria voz. Você pode usar isso para desenvolver uma identidade sonora da marca. Escolha um estilo de voz — calmo, energético, acolhedor, confiante — e um ritmo que combine com sua mensagem e com seu público. Use essa mesma voz em audiolivros, vídeos, podcasts e anúncios para construir familiaridade e confiança. Com o tempo, as pessoas reconhecerão seu conteúdo pelo som, assim como reconhecem um logotipo ou jingle.

Para reforçar sua marca, você pode dar um nome à sua voz de IA (se for um personagem), criar uma história para ela ou definir um papel — como "Coach", "Narrador" ou "Apresentador". Se você estiver clonando sua própria voz, isso se torna ainda mais poderoso. O importante é manter consistência. Branding também envolve elementos visuais — combine o tom da voz com cores, capas, miniaturas e tipografia. Seja um estilo minimalista e tranquilo ou ousado e moderno, sua marca deve parecer unificada em todas as plataformas.

Por fim, lembre-se de que sua marca não é apenas o som do seu conteúdo — é o que as pessoas sentem em relação ao seu trabalho. Se você se posicionar como confiável, criativo e inovador — e entregar valor de forma consistente — seu público não se importará se a voz é sintética ou humana. Eles se importarão com o fato de você tê-los ajudado, inspirado, educado ou emocionado.

Na próxima história, você conhecerá um criador que viralizou usando vozes de IA — mas também enfrentou críticas quando não foi transparente. É uma lição sobre como honestidade, ética e branding caminham juntos ao construir um negócio sustentável na era da inteligência artificial.

A história de Ethan

Ethan Ross não estava tentando enganar ninguém. Quando começou seu canal faceless no YouTube, era apenas um projeto paralelo — uma forma de compartilhar dicas de produtividade que ele vinha escrevendo em seus diários há anos. Ele usou uma voz do ElevenLabs porque não gostava de como soava diante de uma câmera. Manteve sua identidade privada, usou vídeos de banco de imagens e publicou conteúdo toda semana.

Em seis meses, seu canal explodiu.

Um de seus vídeos — "5 Hábitos que Mudaram Minha Vida" — atingiu 1,2 milhão de visualizações. Inscritos começaram a chegar rapidamente. E-mails. Comentários. Pedidos de mentoria. As pessoas pensavam que Ethan era um empreendedor experiente, um palestrante carismático com uma voz incrivelmente suave.

Ele nunca corrigiu essa impressão.

Na verdade, ele alimentou o mistério. Criou um curso online usando a mesma voz de IA e uma marca minimalista. As pessoas assumiram que ele havia gravado tudo pessoalmente. Sua linguagem de marketing sugeria autenticidade: "Estou compartilhando o que funcionou para mim..." "Você ouvirá minha jornada..."

Não era exatamente uma mentira — mas também não era toda a verdade.

E eventualmente alguém percebeu.

Um espectador comentou: "Essa voz é IA? Parece ElevenLabs." Outro respondeu com um tópico detalhado no Reddit. Alguns fãs o defenderam, dizendo que a mensagem era mais importante do que a voz. Mas outros se sentiram enganados.

"Você fez parecer que era você", escreveu um usuário. "Se você mente sobre sua voz, o que mais está exagerando?"

Ethan ficou chocado. Ele havia construído algo real — conteúdo útil, roteiros sinceros, conselhos valiosos. Mas não tinha sido transparente, e agora sua marca estava sendo afetada.

Ele publicou um vídeo intitulado "A Verdade Sobre Minha Voz".

Nele, foi honesto: "Sim, eu uso tecnologia de voz com IA. Isso me permite focar na escrita e na estratégia. As palavras são minhas. A voz é apenas uma ferramenta." Ele mostrou bastidores do processo e explicou por que começou o canal.

A resposta foi mista — mas no geral positiva. Muitos inscritos apreciaram a honestidade. Alguns até elogiaram a decisão.

"Agora gosto ainda mais do seu canal", escreveu um comentário.
"Obrigado por ser transparente."

Ethan atualizou seu site e as descrições de seus cursos para mencionar a narração por IA. Também ajustou sua marca, assumindo o papel de escritor e criador por trás da voz digital. Não era perfeito, mas era autêntico — e funcionou.

A partir daí, sua marca passou a representar transparência, inovação e simplicidade. Ele lançou uma série chamada "Criando com IA", na qual mostrava como utilizava ferramentas de voz para escalar sua produção de conteúdo. Isso atraiu um novo público — criadores que não queriam aparecer diante das câmeras, mas ainda queriam construir algo significativo.

Sua história se tornou um estudo de caso sobre ética, branding e confiança.

Ele aprendeu da maneira mais difícil que sua voz — seja real ou artificial — carrega peso. Ela se torna um símbolo da sua mensagem. E se essa mensagem for construída sobre verdade, valor e consistência, ela pode crescer e se transformar em algo poderoso.

Ethan não apenas se recuperou — ele cresceu.

Mas somente porque escolheu liderar com integridade.

Capítulo 9: Usando Vozes de IA para Construir Autoridade, Influência e uma Marca de Longo Prazo

A maioria das pessoas pensa nas vozes de IA apenas como ferramentas — formas de economizar tempo, reduzir custos ou automatizar tarefas de narração. E elas estão certas. Mas se você parar por aí, perderá uma das oportunidades mais poderosas que o conteúdo com voz de IA pode oferecer: a capacidade de construir autoridade de longo prazo, influência e uma marca confiável. Neste capítulo, vamos mudar o foco da monetização para o posicionamento de marca — e como usar seu conteúdo narrado por voz para liderar um nicho, ensinar em escala e se tornar uma voz de valor (mesmo que não seja literalmente a sua).

Para construir autoridade com conteúdo narrado por IA, o primeiro passo é assumir sua mensagem. Autoridade não vem de soar bem — vem de entregar valor de forma consistente. Seja narrando audiolivros, publicando episódios de podcast ou produzindo vídeos faceless no YouTube, o poder está no que você diz. Isso significa escolher um nicho específico, resolver problemas claros e aparecer com conteúdo que realmente melhora a vida das pessoas. Autoridade é conquistada por repetição, qualidade e intenção — não apenas por volume.

O próximo elemento é a consistência de presença. Quando alguém ouve sua voz narrada por IA em várias plataformas — seu audiolivro, canal no YouTube, sequência de e-mails e curso — cria-se a sensação de onipresença. Isso gera familiaridade, e familiaridade gera confiança. As pessoas começam a reconhecer "sua voz", mesmo que nunca tenham visto seu rosto. Para reforçar isso, use o mesmo narrador ou persona de voz em toda sua biblioteca de conteúdo. Crie uma introdução e um encerramento de marca. Use a mesma música e estrutura em seus podcasts e vídeos. Com o tempo, sua voz de IA se torna sua assinatura.

Uma forma de ampliar essa autoridade é ensinar em escala. Cursos digitais, tutoriais narrados por IA e audiolivros cheios de valor permitem que você eduque milhares de pessoas com o mesmo conteúdo. À medida que sua voz ensina pessoas — especialmente em formatos evergreen — você passa a ser visto como uma liderança no seu campo. Adicione recursos para download, checklists de acompanhamento e conteúdo bônus para aumentar o engajamento e o valor percebido. Promova seu conteúdo narrado como o primeiro passo em uma jornada de aprendizado — e depois construa funis que levem a mentorias, comunidades ou programas avançados.

Você também constrói influência ao inserir sua voz em outros ecossistemas. Por exemplo, licenciar seu conteúdo de áudio para criadores, aplicativos ou educadores em seu nicho ajuda você a alcançar novas audiências. Você pode colaborar com influenciadores oferecendo versões narradas por IA de seus roteiros, meditações ou newsletters. Se você atua em áreas como saúde, finanças, imóveis ou negócios, seu conteúdo narrado pode alimentar podcasts, academias online e até aplicativos educacionais. Isso ajuda você a passar de criador individual para líder digital — a voz de referência em determinado tema ou transformação.

Outro elemento essencial para construir uma marca duradoura é o storytelling. Os seres humanos não lembram apenas de fatos — lembram de histórias. Inclua em seu conteúdo narrado histórias da sua vida, da sua audiência ou estudos de caso relevantes. Mesmo usando IA, seu conteúdo deve parecer vindo de experiências reais. Isso cria conexão emocional. Quando as pessoas dizem coisas como "sinto que já te conheço" depois de ouvir seu conteúdo, você está no caminho certo. Sua voz se torna um canal de confiança, transformação e ressonância emocional.

Por fim, eleve sua marca com liderança de pensamento. Compartilhe ideias fortes, desafie suposições e apresente estruturas ou filosofias únicas através do seu conteúdo. Isso o diferencia de fazendas de conteúdo e narrações genéricas. Se sua voz de IA estiver associada consistentemente a ideias poderosas — e não apenas a produtos — você construirá uma marca capaz de durar no longo prazo. Use sua plataforma para ensinar, sim — mas também para liderar. Foi assim que marcas como Tim Ferriss, Brené Brown e Naval Ravikant se destacaram: aparecendo consistentemente com ideias, clareza e coragem.

Portanto, não use conteúdo com voz de IA apenas para "quebrar o galho". Use-o para se tornar a voz em quem as pessoas confiam. Seja para 100 seguidores ou 100.000 alunos, seu público lembrará de como seu conteúdo os fez sentir. E esse sentimento — essa confiança — é seu ativo mais valioso.

Agora vamos entrar na história de uma especialista em bem-estar que usou narração com IA não apenas para educar sua audiência — mas para liderar um movimento global de cura e liberdade emocional.

5 Minutos para a Calma Emocional

Layla Shah era uma terapeuta licenciada que sempre teve dificuldade com visibilidade. Sua clínica particular estava indo bem localmente, mas no fundo ela queria alcançar mais pessoas. "Existem muitas pessoas sofrendo em silêncio", ela costumava dizer. Ela tinha ideias, métodos e ferramentas — mas não tinha uma plataforma. Tentou escrever em blogs. Nenhum resultado. Postou no Instagram. Pouco engajamento.

Até que um amigo lhe enviou uma meditação narrada por voz no YouTube e disse: “Você poderia fazer algo assim — seu trabalho é incrível.” Aquela sugestão mudou tudo.

Layla escreveu um roteiro simples chamado “5 Minutos para a Calma Emocional”. Usou o ChatGPT para ajudar a formatar como uma meditação curta e depois entrou no ElevenLabs. Escolheu uma voz feminina calorosa e acolhedora que lembrava a forma como ela falava com seus clientes. Gerou o áudio, adicionou uma música de fundo suave e publicou no YouTube com o título: “Prática Diária de Enraizamento para Ansiedade”. Ela não esperava muito.

Uma semana depois, o vídeo tinha 12.000 visualizações.

Os comentários a emocionaram profundamente.

“Isso salvou meu dia.”
“Eu precisava ouvir isso mais do que você imagina.”
“Inscrito imediatamente.”

Ela finalmente havia encontrado sua voz — mesmo que não fosse literalmente a sua. E isso lhe deu confiança para fazer mais.

Layla começou a narrar versões curtas das ferramentas que usava em terapia: técnicas de aterramento, exercícios de liberação emocional, educação sobre trauma. Tudo escrito por ela, narrado por IA e entregue com cuidado. Criou um podcast chamado "Biblioteca de Autoacalmamento". Transformou seus roteiros em um audiolivro chamado Cura em Suas Mãos. Lançou um curso no Gumroad que combinava áudios narrados por IA com cadernos de exercícios para download.

Mas o que mais a surpreendeu foi a reação das pessoas à voz.

"Eu me sinto seguro ouvindo isso."
"Quem é a narradora? Ela é incrível."

Layla sorria toda vez.

"Essa é minha mensagem — apenas com um pouco de ajuda da tecnologia."

Ela não escondia nada. Na verdade, começou a mostrar seu processo no Instagram, onde terapeutas e coaches começaram a perguntar como poderiam fazer o mesmo.

Logo Layla estava ensinando outros profissionais de saúde mental a ampliar seu impacto usando vozes de IA. Criou um site de membros, narrado por IA, ensinando como escrever roteiros, gerar narrações e transformar conhecimento em conteúdo de cura.

Ela não era mais apenas uma terapeuta.

Era mentora, educadora e construtora de um movimento.

Sua voz — ou melhor, a extensão digital da sua voz — tornou-se sua marca. Consistente, compassiva e clara. As pessoas a seguiam não apenas pelo conteúdo, mas pela sensação de calma que ele proporcionava. Elas confiavam nela.

E essa confiança se transformou em livros, convites para palestras e contratos internacionais de licenciamento com plataformas de saúde mental.

Layla nunca esperou construir uma marca global.

Ela apenas queria ajudar mais pessoas.

Mas ao aparecer com intenção, e ao abraçar a IA como uma ponte — e não como uma máscara — ela se tornou uma voz de cura para milhares de pessoas.

E conseguiu isso não falando mais alto.

Mas falando de forma consistente, com propósito e amor.

Capítulo 10: Seus Próximos Passos — Lançando e Expandindo Seu Negócio de Conteúdo com Voz

Agora você explorou todo o potencial da tecnologia de voz com IA — desde a criação de audiolivros e podcasts até a venda de serviços de narração, lançamento de canais faceless no YouTube e expansão do seu conteúdo para uma marca global. Seja você um iniciante ou alguém que já está ganhando dinheiro, o capítulo final desta jornada é sobre agir, lançar com confiança e crescer com intenção. Neste capítulo, vamos traçar seus próximos passos para transformar conhecimento em impulso e criar um negócio sustentável de conteúdo com voz alimentado por IA.

O primeiro passo é escolher um foco. Embora vozes de IA possam ser usadas de inúmeras formas, o sucesso chega mais rápido quando você começa com um único caso de uso. Escolha aquele que melhor se encaixa nas suas forças ou recursos atuais. Se você já tem um blog ou livro, comece transformando-o em um audiolivro. Se você é ativo nas redes sociais, inicie um canal de vídeos faceless usando roteiros narrados. Se você é bom em escrever e organizar ideias, lance um curso narrado por voz. Os criadores mais lucrativos não tentam fazer tudo ao mesmo tempo — eles constroem uma coisa bem feita e depois reaproveitam o conteúdo.

Em seguida, desenvolva seu primeiro produto ou canal monetizado. Se estiver criando um audiolivro, formate seu manuscrito, gere o áudio capítulo por capítulo e envie para plataformas como Findaway Voices ou ACX. Se estiver lançando um canal no YouTube, crie um roteiro de vídeo, gere a narração com IA, combine com elementos visuais e publique com títulos e miniaturas otimizados. Se estiver criando um curso, produza as aulas usando voz de IA e slides, e publique em plataformas como Udemy ou Teachable. Escolha um nome, defina sua identidade de marca e crie uma página simples ou link na bio onde as pessoas possam acessar tudo o que você oferece.

Depois do lançamento, concentre-se em criar impulso através da consistência. Isso pode significar publicar um audiolivro por mês, um episódio de podcast por semana ou um vídeo no YouTube a cada três dias. A IA oferece velocidade e alavancagem — use isso para avançar mais rápido que a concorrência sem sacrificar qualidade. Configure modelos e fluxos de trabalho. Mantenha sua voz consistente. Reaproveite seu conteúdo em diferentes formatos para maximizar alcance. Seu objetivo não é perfeição — é persistência. A cada publicação, você constrói confiança, visibilidade e reconhecimento de marca.

À medida que você cresce, priorize a construção de audiência e de lista de contatos. Use seu conteúdo para atrair assinantes de e-mail ou seguidores para um centro principal — como uma newsletter, servidor no Discord, feed privado de podcast ou comunidade. É ali que você anunciará novos lançamentos, receberá feedback antecipado e gerará vendas sem depender apenas de algoritmos. Inclua chamadas para ação em seu conteúdo narrado por IA, como "Inscreva-se para receber o próximo episódio" ou "Baixe o guia gratuito na descrição". Mesmo que sua voz seja gerada por IA, seu relacionamento com a audiência deve ser real e humano.

Também é importante diversificar suas fontes de renda. Depois de construir um sistema lucrativo, adicione outros gradualmente. Por exemplo, se seu podcast estiver indo bem, transforme os roteiros em um ebook ou curso. Se seu audiolivro estiver vendendo, licencie-o em outros idiomas. Se seu canal no YouTube tiver tráfego, adicione links de afiliados, patrocínios ou uma loja de produtos digitais. Deixe seu conteúdo alimentar seu negócio. Construa uma biblioteca de ativos, não apenas alguns arquivos.

Por fim, planeje a escala. Isso significa documentar seus processos, usar plataformas de automação como Zapier ou Make.com e contratar ajuda quando necessário. Se você estiver ganhando dinheiro com audiolivros, contrate um assistente virtual para formatar manuscritos. Se estiver produzindo conteúdo semanalmente, terceirize pesquisa ou criação de miniaturas. O objetivo não é trabalhar mais — é trabalhar melhor. Crie sistemas para poder focar em visão, criatividade e crescimento.

Sua jornada não termina aqui — na verdade, está apenas começando. Conteúdo com voz de IA não é apenas uma tendência. É uma transformação. A capacidade de falar com o mundo — instantaneamente, repetidamente e sem limites — agora está em suas mãos. Você não precisa ser famoso. Não precisa ser extrovertido. Nem mesmo precisa de um microfone. Tudo o que você precisa é da sua voz — da sua mensagem — e de um sistema que permita que ela seja ouvida.

Agora vamos encerrar com uma última história — uma que mostra o que é possível quando alguém decide aproveitar totalmente essa oportunidade e construir um negócio, uma marca e um legado usando apenas IA e coragem para criar.

Como Tyler criou Brain Fuel

Tyler Brooks não estava procurando um negócio. Ele apenas queria sair da rotina exaustiva. Ex-professor, estava esgotado após dez anos equilibrando correção de provas, reuniões depois das aulas e turmas cada vez maiores. Ele amava ensinar — mas não o sistema.

Um verão, depois de pedir demissão, Tyler começou a pesquisar ideias de renda extra no YouTube. Encontrou um vídeo chamado "Ganhe $100 por dia com conteúdo de voz usando IA". No início, ele revirou os olhos. Mas algo ficou em sua mente.

"Eu sei ensinar. Só não quero aparecer na câmera."

Ali nasceu a ideia.

Tyler escreveu um roteiro curto chamado "Como Aprender Qualquer Coisa Mais Rápido". Era baseado em um workshop que ele costumava dar. Colocou o texto no ElevenLabs, escolheu um narrador masculino caloroso e gerou a narração. Criou slides no Canva, produziu um vídeo simples no Pictory e publicou no YouTube.

O vídeo teve 56 visualizações em três dias.

Ele quase desistiu.

Então apareceu um comentário:

"Isso é ouro. Por favor, faça mais conteúdos assim."

Animado, Tyler escreveu mais quatro roteiros — sobre memória, foco, anotações e estilos de aprendizagem. Criou um minicurso chamado Smart Learning Toolkit, totalmente narrado por IA. Publicou no Gumroad por 17 dólares e ofereceu uma aula gratuita em troca de e-mail.

Em um mês, ele tinha 150 inscritos na lista e 30 vendas.

Não mudou sua vida — mas era real. Era prova de que funcionava.

Ele decidiu ir mais longe.

Transformou cada módulo em um vídeo no YouTube. Compilou os roteiros em um audiolivro. Criou um podcast chamado Brain Fuel, onde publicava semanalmente dicas de aprendizagem de cinco minutos — todas narradas por IA. Usou ConvertKit para enviar e-mails semanais com links para seus produtos, novos conteúdos e ferramentas de afiliados para estudantes.

Sua renda cresceu de 300 dólares por mês para 2.000 dólares em três meses.

Tyler percebeu que o verdadeiro poder não estava apenas nas ferramentas — estava na mensagem. Ele não estava apenas publicando conteúdo narrado por IA.

Ele estava ajudando pessoas a aprender melhor.

Ele ainda era professor — mas agora com mais alcance, liberdade e criatividade do que nunca.

No primeiro ano, Tyler lançou seis audiolivros, cinco minicursos e mais de 100 conteúdos narrados. Seu canal no YouTube ultrapassou 10.000 inscritos. Sua lista de e-mails passou de 5.000 pessoas. E seu negócio superou 10.000 dólares por mês.

Mas o mais importante foi outra coisa.

Ele voltou a sentir orgulho.

Orgulho da sua voz — mesmo sendo gerada por IA.
Orgulho das pessoas que ajudou a aprender.
Orgulho de não ter permanecido preso.

A história de Tyler é um lembrete simples: as ferramentas já existem. O mercado está pronto. A única coisa que falta é sua decisão de começar.

Epílogo: A IA é o seu veículo

Chegamos ao final deste livro, mas na verdade este é apenas o começo. O que você explorou aqui não é apenas um guia — é uma porta de entrada. Uma porta para uma nova era em que a tecnologia não substitui a criatividade, mas a amplifica. Onde a inteligência artificial — antes restrita a laboratórios de pesquisa e à ficção científica — agora é sua parceira de expressão, crescimento e renda. Você viu como um simples bloco de texto pode ser transformado em um áudio poderoso que emociona pessoas, ensina habilidades ou conta histórias. E, mais importante ainda, viu como essa transformação pode ser monetizada, escalada e personalizada.

Desde os primeiros capítulos, você aprendeu como a indústria de narração evoluiu. Agora você conhece a diferença entre o texto-para-fala robótico e a narração com IA rica em emoção. Você descobriu plataformas que podem clonar sua voz, ler em vários idiomas, ajustar tom e ritmo, e até levar suas palavras a públicos em países que talvez você nunca visite. E o melhor de tudo? Essas ferramentas não estão mais escondidas atrás de paywalls caros nem reservadas para grandes empresas de mídia. Elas estão disponíveis para você agora, muitas vezes gratuitamente ou com custo mínimo. Suas limitações não estão mais no acesso — estão apenas na imaginação e na execução.

Este livro não é apenas um manual. É um mapa. Um mapa que pode guiar um professor a ter impacto global sem precisar de uma sala de aula. Um freelancer a obter renda consistente sem possuir um microfone. Um escritor a alcançar grande influência sem precisar subir a um palco. As ferramentas que discutimos estão democratizando a narrativa, a educação e o empreendedorismo. Seja você alguém em um apartamento silencioso ou em uma casa barulhenta, seja alguém experiente em tecnologia ou totalmente novo neste mundo, agora você tem tudo o que precisa para construir algo poderoso. As ferramentas estão aqui. O mercado está pronto. A oportunidade é enorme.

Mas lembre-se: ferramentas são tão poderosas quanto as pessoas que as utilizam. A voz gerada por IA é apenas um veículo. O que lhe dá significado, peso e profundidade é você. Suas ideias. Sua paixão. Sua história. É sua criatividade e sua perspectiva que transformam vozes sintéticas em conexão humana. Esse é o segredo que muitas pessoas deixam passar. A tecnologia sozinha não transforma — quem transforma são os criadores. Você. O que você diz, o que compartilha, o que ensina — essas são as coisas que realmente importam. A voz é apenas o meio pelo qual sua mensagem viaja.

Então, e agora? Agora é hora de construir. Grave seu primeiro artigo narrado. Transforme uma postagem de blog em um exemplo de audiolivro. Lance um serviço oferecendo narrações com IA para empresas. Narre seu curso, traduza-o para cinco idiomas e publique em plataformas globais. Comece pequeno, mas comece de forma inteligente. Teste tudo. Aprenda rápido. Ajuste constantemente. Não espere que fique perfeito — porque nunca ficará. Os criadores que vencem nesta nova era não são os que têm o melhor equipamento, mas os que têm o melhor impulso.

E, ao seguir em frente, nunca esqueça os valores que sustentam o sucesso de longo prazo: transparência, consistência, criatividade e disposição para servir. Seja contando histórias, ensinando habilidades ou construindo um negócio — seu impacto é medido pelo quanto você ajuda os outros. O lucro segue o valor. E o valor começa com intenção.

O futuro pertence àqueles que se adaptam. Àqueles que combinam a ética de trabalho tradicional com ferramentas modernas. Àqueles que param de pedir permissão e começam a publicar, compartilhar, lançar e vender. Você não precisa ser famoso. Não precisa ser barulhento. Nem mesmo precisa aparecer. Tudo o que você precisa é de um sistema, uma história e uma estratégia — e agora você tem os três. Esse é o poder da revolução das narrações com IA.

Então continue aprendendo. Continue criando. Continue testando, ajustando e evoluindo. Seja seu primeiro projeto uma postagem narrada nas redes sociais ou uma meditação com voz em IA — você está construindo a base de algo escalável, lucrativo e significativo. E, à medida que as ferramentas evoluem, você evoluirá junto.

Obrigado por fazer parte desta jornada. Obrigado por acreditar na sua voz — seja ela gravada, gerada ou algo entre as duas coisas. O mundo está ouvindo. É hora de dar voz às suas palavras.

E sua voz?
É hora de dar a ela um legado.

www.ingramcontent.com/pod-product-compliance
Ingram Content Group UK Ltd.
Pitfield, Milton Keynes, MK11 3LW, UK
UKHW020722041026
15590UKWH00002B/821

9 798295 688065